화분맨!
삼분이를 지켜 줘

바른 인성 **책임**을 다하는 마음

초판 8쇄 발행 2025년 5월 30일

글 선자은   그림 이경석   기획·편집 가수북
펴낸이 김동호   펴낸곳 키위북스
편집장 김태연   편집 김도연·박주원   꾸민곳 디자인 su:
주소 경기도 고양시 일산동구 중앙로 1079, 522호
전화 031-976-8235   팩스 0505-976-8234
전자우편 kiwibooks7@gmail.com
출판등록 2010년 2월 8일 제 2010-000016호

© 선자은·이경석, 2017

ISBN   979-11-85173-28-3   14300
       978-89-964831-5-1   (세트)

「이 도서의 국립중앙도서관 출판예정도서목록(CIP)은 서지정보유통지원시스템 홈페이지(http://seoji.nl.go.kr)와
국가자료공동목록시스템(http://www.nl.go.kr/kolisnet)에서 이용하실 수 있습니다.(CIP제어번호: CIP2016032565)」

바른 인성 **책임**을 다하는 마음

화분맨!

삼분이를 지켜 줘

글 선자은   그림 이경석

화분이 가르쳐 준 '진짜 책임'

작년 봄, 작은 화분에는 토마토 씨앗을 심고, 큰 화분에는 꽃모종을 심었어요. 그런데 토마토는 키만 껑충 크고, 꽃은 고개를 팍 숙였어요. 물을 흠뻑 줬는데 왜 기운이 없느냐고요. 식물은 물을 많이 주면 좋아하는 줄 알았는데!

알고 보니 내가 기르던 꽃은 아프리카가 고향이었어요. 햇빛은 많이, 물은 적게 받아야 하는 꽃이었던 거지요. 처음부터 제대로 공부했다면 이런 일은 없었을 텐데요. 이미 늦었어요. 꽃잎이 하나둘 떨어지더니 꽃모종이 축 내려앉았어요. 토마토도 바람이 잘 통하게 했어야 하는데 그러지 못해 벌레가 생겼어요. 실패였어요. 두 화분 모두 포기해야 했지요.

이 일로 나는 책임에 대해 깨닫게 됐어요. 책임이란 맡은 일에 '최선'을 다하는 일이라는 것을요. 화분을 기르면서 물은 열심히 주었지만 그건 진정한 의미의 최선은 아니었어요. 식물에게 진짜 필요한 게 무엇인지 알아보려 노력하지 않았으니까요. 귀찮아서 혹은 바빠서 쉽게 생각하고 대충 행동했던 것 같아요. 이제 어떤 일이든 그러지 않을 거예요. 이 이야기에 어린이 여러분이 비슷한 실수를 하지 않았으면 하는 마음을 담았어요.

선자은

1인 1역은 싫어!

"강해우, 복도에서 뛰면 안 된다고 했지?"

선생님이 엄한 목소리로 꾸짖었어요.

나는 연호를 뒤쫓다가 깜짝 놀라 멈추었어요. 선생님이 너무 무서웠거든요. 그런데 그만 몸이 균형을 잃어 엉덩방아를 찧고 말았지요.

선생님은 내가 장난치는 줄 알고 더 무서운 얼굴을 했어요. 도망가던 연호가 몰래 숨어서 나를 보고 있었어요.

'에휴.'

엄마는 학교가 유치원보다 더 신날 거라고 했는데, 다 거짓말이었나 봐요. 학교에는 유치원보다 더 많은 규칙이 있었어요.
규칙을 안 지키면 꾸지람을 들었고요. 숙제도 많고 해야 할 일
도 엄청나게 많았어요.

"미안해. 괜히 너만 혼났네."

연호가 와서 사과를 했지만, 마음이 풀리지 않았어요. 사실
연호가 먼저 시작한 장난이었거든요. 나는 그저 쫓아가고 있었
을 뿐이라고요. 선생님은 잘 알지도 못하면서 그래요.

11

　오늘 선생님이 '1인 1역'이라는 걸 정하자고 했어요. 반 친구들 모두가 우리 반을 위해 각자 한 가지씩 역할을 정해서 맡은 일을 하는 거래요. 기분이 안 좋아서 그런지 귀찮기만 했어요. 나는 손을 번쩍 들었어요.

　"하기 싫은 사람은 어떻게 해요?"

　"강해우, 우리 반을 위해 일하기가 싫어?"

　"그건 아니지만요……."

　나는 선생님이 또 혼낼까 봐 고개를 푹 숙였어요. 다행히 선생님은 그저 웃었어요.

　"처음에는 어렵고 하기 싫을지도 몰라. 하지만 나중에는 우리 반을 위해 뭔가를 한다는 게 얼마나 뜻깊고 재미있는 일인지 알게 될 거야."

　정말 그럴까요? 어떤 일이든 다 힘들고 귀찮잖아요. 나는 말은 못 하고 속으로만 투덜거렸어요.

　선생님은 칠판에 청소 구역과 할 일들을 줄줄이 적었어요. 청소, 걸레질, 책장 정리, 우유 나르기 등등 내가 좋아하는 일은 하나도 없었어요. 그래서 나는 손을 들지 않았어요. 연호와 다

청소
할 사람?
우유 나르기
할 사람?
화분에
물주….
저요~
저~

른 애들도 서로 눈치를 보면서 선뜻 손을 들지 않았지요.

"힘이 센 친구들은 힘 좀 써야 하는 일을 하면 좋을 것 같다."

선생님이 몇몇 아이를 둘러보며 말했어요. 그중에는 나도 있었어요. 선생님하고 눈이 마주쳤어요. 가슴이 두근두근 뛰었어요. 얼른 고개를 돌리고, 계속 선생님 눈을 피했어요.

그러는 사이 역할이 서넛 정해졌어요. 칠판을 보니 청소나 우유 나르기, 쓰레기통 비우기 같은 역할은 아직 맡은 사람이 없었어요. 계속 가만 있다가는 힘든 일을 떠맡을 것만 같았어요.

"다음은 화분 가꾸기다. 정성스럽게 화분을 가꾸고 돌볼 수 있는 사람이 하면 좋을 것 같은데?"

선생님 말이 끝나기도 전에 여자아이 몇 명이 손을 번쩍 들었어요. 우리 반에는 화분이 작은 것 세 개밖에 없어요. 화분 세 개 물 주는 건 식은 죽 먹기지요. 나는 얼른 손을 들었어요. 그나마 가장 쉬운 일 같았거든요.

화분 가꾸기 역할에 손을 든 친구는 다섯 명이나 되었어요. 남자는 나밖에 없었지요. 우리는 모두 한 팔을 높이 올리고 동시에 가위바위보를 했어요.

"가위, 바위, 보!"

두 명이 가위, 세 명이 보자기를 냈어요. 야호! 가위를 낸 두 명 중 한 명이 바로 나예요. 그런데 하필 나머지 한 명이 송아

김치~
김치~
이상한 녀석이네!
가위바위보 하는데
침은 왜 흘려?

였어요. 언제나 발그레한 얼굴로 밝게 웃는 송아요.

초등학생이 되어서 유일하게 좋은 일은 송아와 같은 반이 된 것이었어요. 송아는 우리 유치원에서 가장 예쁘고 마음씨 착한 아이였어요. 그래서 나중에 커서 송아와 결혼하겠다는 남자애들이 많았지요.

말은 안 했지만 나도 사실 그래요. 송아 같은 아이가 나를 좋아해 주어서 사이좋게 지낸다면 얼마나 좋을까요?

"자, 송아와 해우 다시 한 번, 가위, 바위, 보!"

선생님 신호에 맞춰 눈을 질끈 감고 가위를 냈어요. 반 아이들이 와아 소리를 질렀어요.

조심스레 눈을 떠 보니 송아도 가위, 비긴 거예요.

다시 가위, 바위, 보!

이번에는 나는 보자기, 송아는 주먹이었어요. 앗, 내가 이겼어요. 그런데 송아가 실망한 얼굴로 나를 바라보고 있지 뭐예요. 이겨서 화분 가꾸기 당번이 된 건 좋은데, 송아를 이긴 건 좀 미안했어요. 선생님이 우리 둘을 같이 시켜 주면 좋을 텐데. 화분이 세 개밖에 없는 게 갑자기 안타까웠어요.

“해우야, 축하해.”

송아는 그래도 금세 웃으면서 나를 축하해 줬어요. 문득 유치원 때 송아가 꽃을 좋아한다고 한 게 생각났어요. 그래서 화분 가꾸기 역할을 하고 싶었던 걸까요? 창가를 봤지만, 꽃이 핀 화분은 없었어요.

“화분 가꾸기 역할은 강해우다.”

선생님이 칠판에 내 이름을 적었어요. 이제 돌이킬 수도 없었어요. 아까 가위바위보를 다시 하기 전에 멋지게 송아에게 양보하는 게 좋았을까요? 아무리 그래도 힘든 일은 하기 싫은데 어떻게 해요. 끝까지 아무것도 고르지 못한 연호는 결국 청소 담당이 된 걸요.

이제부터 내 1인 1역은 ‘화분 가꾸기’예요.

화분맨 강해우

연호가 혀를 메롱 내밀며 말했어요.

"야, 화분맨! 화분처럼 생긴 화분맨!"

"뭐라고? 감히 화분맨을 놀려? 거기 안 서?"

나는 일부러 굵직한 목소리를 내면서 소리치고는 연호를 쫓아갔어요. 쫓아가다가 허리에 손을 올리고 와하하 웃기도 했지요. 정말 화분맨, 아니 정의의 용사처럼 말이에요.

"야, 강해우, 정연호! 가만히 좀 있어! 화분맨이라더니 화분 다 깨겠다."

누가 이렇게 소리쳤어요. 연호가 아슬아슬하게 화분 옆으로

정의의 용사
핫붐맨
메가콘
허리케인
사랑해요!
화붐맨

지나갔거든요. 나는 한술 더 떠 책상 사이를 겅중겅중 뛰면서 다시 소리쳤어요.

"화분은 화분맨이 지킨다! 게 섰거라!"

교실은 순식간에 아수라장이 되었어요. 여자애들은 우리가 곁을 뛰어갈 때마다 얼굴을 찌푸리고 꺅꺅 소리를 질렀지요. 그래도 우리는 멈추지 않았어요. 여자애들 반응이 재미있기도 했고 이대로 순순히 화분맨 놀이를 멈추고 싶진 않았거든요. 무서운 담임 선생님이 자리를 비운 틈에 맘껏 놀아야 하기도 했고요.

그런데 그때였어요.

"어? 어떡해!"

갑자기 송아가 비명에 가까운 소리를 내질렀어요. 나는 반사적으로 뛰는 걸 멈추고 송아를 바라보았지요. 송아는 창가에 있는 화분을 들여다보고 있었어요. 순간 가슴이 쿵 내려앉았어요. 정말로 화분이 깨지기라도 했으면 큰일이잖아요.

여자애들은 우르르 몰려가 송아를 둘러쌌어요. 그 틈을 비집고 들어가 송아를 보니 금방이라도 눈물이 뚝뚝 떨어질 것 같

은 얼굴이지 뭐예요.

"화분이…… 일분이가……."

다행히 화분 자체는 안 깨지고 멀쩡했어요. 하지만 그 안에

있는 식물은 축 늘어져 있었어요. 힘이 하나도 없고 줄기는 검

게, 잎은 누렇게 변해 있었어요. 얼마 전까지 싱싱하게 초록색 잎을 뽐내던 일분이였는데 말이에요. 화분 세 개는 일분이, 이분이, 삼분이라는 이름을 가지고 있었는데 그중 첫 번째 화분인 일분이가 죽은 거예요.

"야, 강해우! 너 물은 준 거야?"

"어? 어, 그게······."

모두 화살을 나에게 돌리며 무서운 눈을 했어요.

그러고 보니 화분맨이 된 첫날 물을 주고 그 뒤로는 한 번도 주지 않았어요. 그렇다고 해서 저렇게 쉽게 말라 죽게 될 줄 누가 알았나요?

"야, 남은 화분에라도 빨리 물 줘."

어느새 연호가 다가와 속삭였어요. 역시 연호예요. 나는 얼른 물뿌리개에 물을 담아 와 이분이와 삼분이에게 물을 줬어요. 말라 죽지 않게 아주아주 많이 듬뿍이요.

그제야 나를 보던 여자애들 눈길이 좀 풀렸어요. 그렇다고 해서 죽은 일분이가 다시 살아나는 건 아니니까 나도 마음이 좋지는 않았지요.

그날부터 나는 날마다 학교에 오자마자 무조건 화분에 물부
터 듬뿍듬뿍 주었어요. 이대로 남은 화분마저 죽으면 담임 선
생님이 불호령을 내릴 거예요. 송아를 비롯한 여자아이들은 나
를 원망할 거고요.

그러기를 일주일쯤 했을 때, 여느 때처럼 물뿌리개에 물을 담
아 교실에 들어서는데 갑자기 연호가 나를 조용히 불렀어요.

"화분맨, 이리 와 봐. 이분이가 죽었다."

이게 무슨 소리일까요? 연호가 장난을 치나 했지만, 표정이 지나치게 어두웠어요. 목소리도 진지했고요.

나는 이분이에게 달려갔어요. 원래 이분이는 약간 기다란 잎이 많이 달린 다육이 식물인데, 잎이 하나같이 썩어 있었어요.

"간밤에 무슨 일이 있었나?"

나는 다리에 힘이 풀려 금방이라도 주저앉을 것만 같았어요. 무서운 선생님 얼굴도 떠올랐고요.

조금 뒤, 화분이 또 죽었다는 소식을 들은 선생님이 정말 무서운 얼굴을 했어요. 교실은 술렁이기 시작했어요.

"강해우가 저럴 줄 알았어."

"지금이라도 화분 담당을 다른 애가 해야 하는 거 아니야?"

아이들이 나를 힐끗힐끗 보며 수군댔어요.

"이번에는 물을 많이 잘 줬단 말이야!"

나는 억울한 마음에 소리쳤어요. 가만히 우리를 지켜보기만 하던 선생님이 이윽고 입을 열었지요.

"화분에 붙여 놓은 쪽지를 잘 읽어 보고 화분을 돌본 거니?"

"예?"

화분에 기르는 법이 쓰여 있는 것은 알았지만, 제대로 읽어 본 적은 없었어요. 물을 듬뿍 주고 햇빛이 잘 들게만 하면 되는 거 아닌가요? 선생님은 지금이라도 화분에 적힌 내용을 읽어 보라고 했어요. 나는 이분이에게 붙어 있는 쪽지를 봤어요.

이럴 수가. 무조건 물을 많이 준다고 좋은 게 아니었어요.

"이분이는 물을 너무 많이 줘서 썩은 거야. 강해우, 이제 삼분이 하나 남았는데, 지금이라도 자신 없으면 다른 일을 맡아도 된단다."

다행히 선생님은 야단을 치거나 벌을 주지 않았어요. 목소리도 차분했지요. 그러나 선생님이 말하는 다른 일이란 바로 쓰레기통 비우기였어요. 우리 반 아이들 중 아무도 맡으려 하지 않는 바람에 모두 돌아가면서 하고 있거든요. 으, 쓰레기통 비우기는 정말 싫어요.

"아니에요! 제가 삼분이만은 끝까지 잘 키울 거예요!"

나도 모르게 목소리가 커졌어요.

"그래, 좋아. 한번 맡은 일은 포기하지 않고 최선을 다하는 것도 중요하니까."

선생님이 내 눈을 조금 오래 바라봤어요. 선생님이 화를 안 내서 좋긴 했지만, 최선을 다하라는 말이 오히려 마음에 걸렸어요. 최선을 다하는 일은 너무 어려운 일 같았지요.

삼분이는 이미 잎이 생기 없어 보이고 벌레가 들끓었어요. 과연 내가 잘 돌본다고 해서 살아날 수 있을까요? 자신이 없었어요. 최선을 다할 자신도, 삼분이를 살릴 자신도요.

쉬는 시간이 되자마자 나는 삼분이에게 달려갔어요.

삼분이를 기르는 방법은 좀 복잡했어요. 햇빛을 좋아하는데 서늘한 곳에 두라는 말은 뭐고, 물을 주지 않다가 물을 주라는 말은 또 뭘까요? 어려워요, 어려워. 가장 문제는 벌레였어요. 흙에도 잎에도 붙어서 꼬물대는 아기 파리 같은 벌레들은 정체가 뭐지요? 아휴, 아무튼 징그러워요.

수업이 모두 끝난 뒤에도 나는 교실에 남았어요. 송아가 삼분

이를 물끄러미 바라보고 있었지요.

"이송아."

송아는 내가 부르는지도 모른 채, 삼분이 잎을 매만지기도 하고 벌레를 잡기도 했어요. 마음이 무거워졌지요. 내가 정말 큰

왜 죽였어?
네가 죽였어~
왜 죽였냐고?
삼분이
이분이
일분이
왜 죽였나?
너랑 결혼 안 해!!

잘못을 저지른 것 같았어요. 뒤늦게 송아가 내가 있는 걸 보고 책가방을 챙겼어요.

"나 먼저 갈게. 너무 걱정하지 마."

송아는 오히려 나를 걱정해 주고는 교실을 나갔어요.

나는 빈 교실에 홀로 쪼그려 앉아 삼분이에게 꼬인 벌레를 한참 동안 잡았어요. 엄마가 가끔 머리가 지끈거린다고 하는데, 그게 무슨 말인지 알 것 같았지요. 결국 나는 머리를 감싸고 책상에 엎드렸어요.

지금이라도 그냥 쓰레기통 비우는 일을 한다고 할까요? 이대로 삼분이마저 죽어 버리면 어쩌죠? 삼분이가 당장 내일이라도 이분이처럼 썩거나 일분이처럼 말라 버릴 것만 같았어요. 그러면 선생님과 아이들이 나에게 무척 실망할 거예요. 송아는 무척 슬퍼하겠죠? 내 마음도 좋지 않을 거고요.

그때 무슨 소리가 들렸어요.

"화분맨, 화분맨."

송아가 다시 돌아온 건가 싶어서 고개를 들었지만 교실에는 여전히 아무도 없었어요.

"여기야, 여기."

목소리가 다시 나를 불렀어요. 정말 아무도 없는데 말이에요.

"나야, 나. 삼분이!"

"뭐?"

심장이 쿵쾅쿵쾅 뛰었어요. 그런데 다시 소리가 났어요.

"나라고, 여기 있는 삼분이!"

분명 삼분이에게서 나는 목소리였어요.

삼분이의 마법

삼분이가 말을 하다니! 사람도 아니고, 분명 식물인데 말을 하다니요. 입을 떡 벌리고 있는 나에게 삼분이가 다시 말했어요.

"화분맨, 나랑 거래할래?"

"말도 안 돼!"

나는 눈을 동그랗게 뜨고 다시 한 번 이리저리 살폈어요. 아무리 둘러봐도 교실에는 아무도 없었어요. 사람은 오직 나뿐이었어요.

"화분맨, 내가 얼마나 답답하면 너한테 말을 걸겠냐?"

삼분이는 한심하다는 듯이 말했어요.

"미, 미안해."

그 말에 나는 놀란 것도 잊고, 부끄러워 얼굴이 달아올랐어요. 일분이와 이분이는 나 때문에 죽은 거니까요.

"그런데 거래라니 그게 무슨 소리야?"

"식물을 살리는 마법의 계약 말이야. 간단히 설명하자면, 내가 마법을 써서 살아나는 거지. 단, 대가는 네가 치러야 해. 네가 화분을 돌보는 책임자니까."

삼분이는 건방진 말투로 말했어요.

조금 화가 났지만 그래도 하는 수 없었어요. 시키는 대로 할 수밖에요. 만약 삼분이마저 죽어 버린다면……. 생각하기도 싫어요. 쓰레기통 비우기 역할을 맡는 것도 싫고, 선생님에게 야단맞는 것도 싫고, 반 아이들이 나무라는 것도 싫었어요. 뭐니 뭐니 해도 실망한 송아 얼굴을 마주할 자신이 없었지요.

"어떤 대가인데? 내가 어떻게 하면 되는지 말해 줘."

"할 거야? 그럼 넌 그냥 가만히 있으면 돼. 내일이 되면 이 거래가 어떤 건지 알게 될 테니까."

지 지 지 지 지직~
철분이
팥분이
구분이
옥분이
살아나라!
아낄리 꾸르
니키바~
삼분이
옥분이
질분이
삼분이

삼분이는 더는 말하지 않았어요. 나는 초조한 마음으로 내일
이 되길 기다렸어요.

다음 날, 교실에 도착하자마자 삼분이에게 갔어요. 어찌나 걱
정이 되는지 간밤에는 몇 번이나 잠에서 깼어요. 삼분이가 말
한 게 꿈인 것만 같아서 기분이 이상했지요. 그런데 눈앞에 믿
을 수 없는 일이 벌어져 있었어요. 삼분이가 정말 오동통하고
싱싱하게 살아나 있지 뭐예요. 어제 본 힘없는 모습과는 너무

나 달랐어요. 정말 마법 같은 일이에요. 아니, 마법이었어요!

연호가 떠들썩하게 박수를 치며 다가왔어요.

"이야, 화분맨. 도대체 어떻게 한 거야?"

"그냥 뭐, 벌레 좀 잡아 주고 그랬지."

나는 머리를 긁적였어요. 눈이 마주치자 송아가 웃으며 손을 흔들었어요. 다행이에요. 삼분이와 거래하길 잘했다는 생각이 들었어요. 대가라는 게 어떤 건지는 모르겠지만, 그까짓 대가 얼마든지 치르지요, 뭐. 만약 돈을 많이 달라고 하면 돼지 저금통을 깨면 돼요. 무선 조종 비행기를 사려고 모은 돈이지만 얼마든지 줄 수 있어요.

삼분이는 언제 말을 걸었냐는 듯이 입을 꾹 닫고 있었어요. 아무리 봐도 평범한 식물처럼 보였지요. 삼분이가 아무에게도 말하면 안 된다고 당부하기도 했지만, 솔직히 말한다고 해도 아무도 믿어 주지 않을 거예요. 식물이 말을 한다고 하면 누가 믿겠어요? 나조차도 꿈같은데요.

어쨌거나 나는 삼분이가 쉽게 살아나서 무척 좋았어요. 어제 쪼그리고 앉아 벌레를 잡던 게 바보처럼 느껴졌지요. 그런데

그때 이상한 일이 일어났어요.
꾸르르르.
엉덩이가 간질간질하더니 미처 참을 새도 없이 힘이 팍 들어가는 거예요.
뿌우우웅!
무시무시한 소리가 교실에 울려 퍼졌어요.
"야, 화분맨! 지금 이게 네 방귀 소리냐?"
연호가 코를 잡고 소리쳤어요.
"어? 어…… 그런가 봐."
나는 얼떨떨한 얼굴로 말했어요. 그런데 말이 끝나자마자 또 엉덩이에 힘이 들어갔어요.

뿡! 뿡! 뿡!

여자애들이 비명을 지르며 우르르 몰려갔어요.

나를 피해서 교실 반대쪽으로요.

"너 뭘 먹어서 방귀쟁이가 된 거냐?"

연호가 저만치 떨어져서 물었어요. 그런데 배가 아프지 않았어요. 아침밥을 많이 먹지도 않았는 걸요. 거짓말처럼 방귀만 뿡뿡 나왔어요. 참을 새도 없이 나와 버리니 참 마법 같은 일이에요. 아, 맞다. 마법. 설마 이것도 삼분이가 부리는 마법일까요? 거래의 대가라는 게 설마 방귀?

뿌웅!

생각하는 중에도 방귀는 계속 나왔어요.

"야! 그만해!"

"장난 좀 하지 마."

애들이 나에게 화를 내기 시작했어요. 이제는 다들 내가 장난을 치고 있다고 생각했지요. 그런데 더 큰 문제는 방귀가 수업 시간에도 멈추지 않는다는 거였어요.

선생님이 책을 펼치라고 하자마자 뿌웅! 오늘 공부할 부분을 읽을 때도 뿌웅! 질문을 할 때는 뿡뿡뿡!

"강해우! 보건실 다녀와라. 어휴."

선생님도 결국 참다 못해 나를 내보냈어요. 이미 내 얼굴은 새빨갛게 변해 있었어요. 처음에는 장난인 줄 알고 웃던 아이들도 이제는 날 진짜 방귀쟁이로 생각하는 것 같았어요.

교실을 벗어나자 신기하게도 내 방귀는 멈추었어요. 보건실에서도 내 몸에는 아무 이상이 없다고 했지요. 하지만 교실에만 들어가면 다시 방귀가 나왔어요. 아무리 참으려고 해도 방귀는 큰 소리를 내며 나와 버렸지요.

이튿날 아침에는 마음을 단단히 먹고 교실에 들어섰어요. 방귀가 나올까 봐 엉덩이에 잔뜩 힘을 주고요. 그런데 이상한 일이죠? 방귀 병이 싹 나은 듯 엉덩이에서 아무 소리도 들리지 않았어요.

"오늘은 속 괜찮냐? 방귀 안 뀌어?"

연호가 툭 쳤어요. 그와 동시에 나는 웃음이 터졌어요.

"아하하하하."

처음에는 방귀라는 말이 웃겨서 그런 줄 알았어요. 그런데 웃
다 보니 웃기지도 않은데 계속 내가 웃고 있지 뭐예요.

"뭐가 그렇게 재미있어?"

연호가 의아해했지만, 나는 계속해서 웃었어요. 마치 몸속에
있던 웃음보가 터진 것만 같았어요.

"오늘은 웃음병에라도 걸린 건가?"

아이들이 몰려들었어요. 나는 연호의 웃음병이라는 말에도

또 웃음을 터뜨렸어요. 어제는 방귀 소리로 가득 찼던 교실이 오늘은 웃음소리로 가득 찼어요.

선생님은 몇 번 주의를 주더니 오늘은 참지 못하고 결국 화를 냈어요. 방귀야 어쩔 수 없다 쳐도 웃는 장난은 지나치다면서요. 나는 복도에 나가 있어야 했어요. 교실에 들어서기만 하면 깔깔깔 웃음보가 터지니 어쩔 수 없었지요. 계속 웃는 건 정말 힘들었어요. 배가 땅기고 턱이 아플 정도였지요.

나는 온종일 기운 없이 늘어져 있었어요. 누가 조금이라도 웃긴 말을 하면 배를 잡고 마구 웃었지요. 눈에서는 눈물이 나는데, 입에서는 웃음이 자꾸 터져 나왔어요.

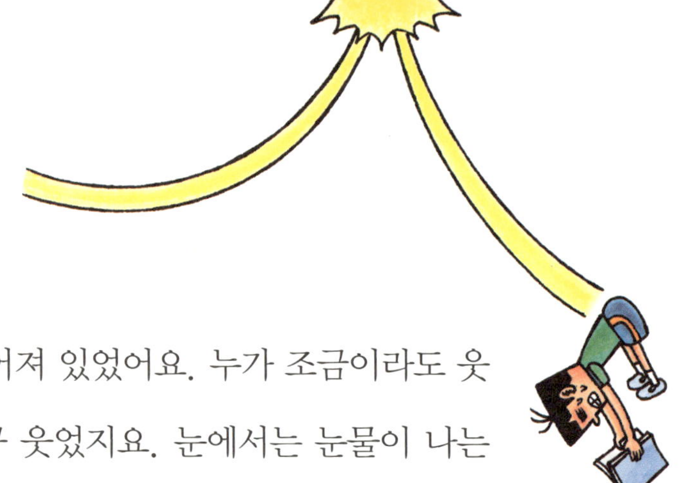

사흘째는 말도 못 하게 힘든 병에 걸렸어요. 방귀병, 웃음병은 정말 아무것도 아니었지요. 바로 통통병, 가만히 앉아 있지 못하고 몸이 위로 자꾸 통통 튀어 오르는 병이었어요. 가만히 앉아 있으면 엉덩이가 간질간질하다가 나도 모르게 확 치솟았어요.

"강해우!"

선생님은 이제 왜 그러냐고 물어보지도 않고 나를 밖으로 내보냈어요. 아이들은 내가 이상해졌다고 한마디씩 했지요. 가장 친한 친구 연호조차 내 편을 들지 않았어요. 심지어 착한 송아조차 이렇게 말했어요.

"해우야, 이제 그만 좀 해."

삼분이를 살리는 가장 좋은 방법

수업이 모두 끝나고 교실에서 아이들이 다 나가자 내 통통병은 사라졌어요.

어제와 그제는 방귀와 웃음이 다시 나올까 봐 도망치듯 교실을 빠져나갔어요. 하지만 오늘은 도저히 참을 수가 없었어요. 삼분이와 이야기를 해야겠다고 생각했지요.

빈 교실에 혼자 있으려니 처음에는 화가 났어요. 거래를 하자고 한 삼분이가 원망스러웠거든요. 그러나 곧 후회가 밀려왔어요. 처음부터 화분에 붙은 쪽지를 잘 읽고 따랐다면 이런 일은 없었겠지요. 그러면 일분이와 이분이가 죽는 일도 없었을 테고, 삼분이를 살리기 위해 마음 졸일 일도 없었을 거고요.

갑자기 가슴이 뜨거워지고 목이 메었어요. 힘들었어요. 눈물이 뜨거웠어요. 사흘 동안에도 힘들어서 눈물이 났지만, 이번에 흐르는 눈물은 가슴에서부터 나오는 것이었어요. 나는 소리 내어 엉엉 울었어요. 울고 또 울고 나니 속이 좀 풀렸어요.

"다 울었니?"

반가운 목소리가 들려왔어요. 바로 삼분이였어요. 이제는 말을 걸어 준 게 고마울 지경이었지요.

"나 그냥 거래 안 할래. 널 살리는 다른 방법은 없어? 내가 아끼는 보물 줄까? 어릴 때부터 모아 온 돌멩이들도 있는데. 어때? 네 화분을 꾸미면 정말 멋질 거야."

삼분이가 사라지기라도 할세라 얼른 말했어요. 그러나 삼분이는 후후 웃기만 했어요. 나는 늦기 전에 하고 싶은 말이 더 있었어요.

"그리고…… 미안해! 정말 미안해. 널 돌보지 않아서."

이건 진심이었어요. 삼분이에게는 죽고 사는 문제인데 내가 너무 가볍게 생각했어요. 그래서 화가 나서 이런 마법을 부렸

을 거예요. 삼분이가 어떤 결정을 내리든 사과는 꼭 해야 내 마
음이 편할 것 같았어요.

"한 가지 방법이 있기는 한데."

드디어 삼분이가 입을 열었어요.

내가 한 일을 되돌릴 수만 있다면 뭐든지 하고 싶었어요. 방
귀 뀌고, 웃고, 통통 튀지만 않는다면요.

휘잉~

삼분이가 휘파람을 부는가 싶더니 바람이 휙 불었어요. 종이 쪽지 한 장이 팔랑팔랑 내 쪽으로 날아왔어요.

삼분이에게 붙어 있던 쪽지였어요.

"차근차근 읽어 보고, 그대로만 해."

삼분이는 거만한 말투로 말했어요.

"이대로? 읽어 봐도 잘 모르겠던데……."

사랑과 정의의 화분 요정
화분스 우먼
화분 우먼 벌레 킥!!
살 분이
벌레 돌보기로 태우기~
상 분이
화분 우먼 벌레 펀치!!
살 분이
화분 우먼 벌레 불기!!
화분 우먼 벌레 튕겨 잡기!!
피융~
피융~
삼 분이
푸우우~
상 분이

"그때는 진짜 날 위하는 마음으로 읽지 않아서 그랬겠지. 창문을 제때 안 열어 줘서 바람도 잘 안 통하고, 물을 너무 많이 줘서 흙이 계속 축축하니까 내 몸에 벌레가 생긴 거라고. 다 너 때문이야. 송아가 몰래 날 돌봐 주지 않았다면 난 이미 죽었을 거야!"

송아가 삼분이를 돌봤다고요? 종종 화분을 바라보던 송아의 슬픈 눈이 떠올랐어요. 교실에 남아 벌레를 잡던 모습도요. 송아는 진심으로 화분들을 사랑했던 거예요. 이럴 줄 알았으면 처음부터 송아에게 양보할걸 그랬어요.

"지금이라도 늦지 않았어. 네가 사과했으니까 내가 특별히 기회를 한 번 더 주지."

이제 삼분이 말투가 거슬리지 않았어요. 잘못한 건 나니까요. 나는 쪽지에 적힌 내용을 베껴 집에 가져갔어요. 그러고는 엄마 노트북으로 그 내용을 검색했어요. 엄마는 내가 뭔가를 골똘히 생각하고 공부하는 모습은 처음 본다며 이것저것 도와주었어요. 도서관에서 식물 기르기 책을 빌려다 주기도 했지요.

다음 날, 나는 아주 일찍 학교에 갔어요. 삼분이가 있는 쪽 커

촤악~
삼분이

드르륵~
삼분이

흙이 축축해~
삼분이

삼분이
삼분이

뚝 뚝 뚝 뚝 뚝~
꾸벅

우아~ 송아를 닮아가네
삼분이

틈을 젖히고 창문을 활짝 열어 바람과 햇빛이 잘 들어오게 했어요. 흙을 만져 보니 아직 촉촉해서 물은 주지 않았어요. 그리고 틈날 때마다 주의 깊게 삼분이를 살폈어요. 송아가 그랬던 것처럼요.

그 뒤로도 나는 삼분이를 관찰했어요. 상태를 보고 물을 주기도 하고 햇빛을 골고루 받을 수 있게 위치를 바꿔 주었지요. 시간이 지날수록 삼분이는 오동통해지고 껍질을 한 겹 벗더니 하트 모양이 되었어요.

그러던 어느 날이었어요. 1학기가 거의 다 지나고 방학이 다가올 무렵이었지요.

"화분맨!"

교실에 들어서자마자 연호가 나를 불렀어요. 혹시 삼분이가 갑자기 죽기라도 했을까 봐 심장이 쿵 내려앉았어요. 일분이와 이분이가 죽었던 날이 생각났거든요. 다행히 아이들 얼굴은 어둡지 않았어요. 오히려 밝은 얼굴로 나를 기다리고 있었지요.

"무슨 일인데?"

두근두근 뛰는 가슴으로 창가로 다가갔어요. 삼분이가 여느 때와는 조금 다른 모습으로 나를 반겼어요. 나는 눈을 비비고 다시 바라봤어요. 세상에, 꽃이 피어 있는 거예요.

"정말 예쁘다, 해우야."

꽃을 좋아하는 송아가 밝게 웃었어요. 삼분이가 또 마법을 부린 걸까요? 하지만 그날 이후 삼분이는 한 번도 나에게 말을 걸지 않았어요. 내가 스스로 해낸 것 같아요! 관심을 가지고 최선

을 다해 돌보았더니 꽃까지 피어난 거예요.

교실로 들어온 선생님이 내 등을 두드리며 말했어요.

"화분맨 강해우, 잘했다!"

아이들이 박수를 쳐 주었어요. 들리지 않았

지만 삼분이도 나에게 잘했다고, 고맙다고

말하는 것 같았어요.

책임감 기르기 대작전!

　책임이란 자기가 맡은, 마땅히 해야 하는 일을 말합니다. 내가 나의 책임을 다하지 못하면, 나 자신 또는 다른 누군가 또는 모두가 손해를 입을 수도 있지요. 책임감은 나의 책임을 중히 여기고 해내려는 마음입니다. 책임감 있는 행동을 하려면, 우선 자기가 맡은 일이 무엇인지, 그리고 어떻게 해야 그 일을 해낼 수 있는지 알아야 하지요.

　그러기 위해서는 어떤 과제를 선택해서 실천해 보는 것이 도움이 됩니다. 스스로 계획을 세우고 단계에 따라 해 나가는 과정을 통해서 자연스럽게 책임감을 기를 수 있지요. 어린이들에게는 자녀, 형제, 친구, 학생, 시민 등등 다양한 역할과 의무가 있습니다. 나 자신과 주변에 늘 관심을 기울인다면 나의 책임이 무엇인지 어떻게 하면 책임을 다할 수 있는지 알고 실천할 수 있답니다.

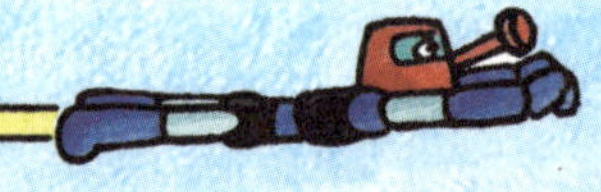

엄마, 저도 강아지 기르고 싶어요!

연호는 예전부터 강아지를 기르는 게 소원이었대요. 절대 안 된다고 반대하는 엄마를 다시 한 번 설득하기로 마음먹었어요. 연호와 엄마의 이야기를 한번 들어 볼까요?

 안 된다고 했지? 네가 어떻게 강아지를 기른다고 그래.

 내가 책임지면 되잖아요!

 책임? 네가 책임이 뭔지나 알아? 강아지를 키우려면 해야 할 일이 얼마나 많은데, 네가 그 일을 다 할 수 있다는 거니? 강아지는 장난감이 아니야. 살아 있는 생명체라고!

 저도 해우처럼 할 수 있어요. 정말이에요.

 처음에는 예쁘다고 데려와서 책임감 없이 버리는 사람들이 얼마나 많은데. 정말 네가 강아지를 기르고 싶다면 엄마가 낸 과제를 모두 잘 해내 봐.

 과제요? 얼마든지 할 수 있어요!

엄마는 연호에게 세 가지 과제를 내 주었어요. 첫째 스스로 계획 세우기, 둘째 계획표 실천하기, 셋째 운동 경기 참여하기. 이러한 과제를 통해서 연호가 책임감을 기를 수 있도록 도와주려는 것이지요.

스스로 계획 세우기

계획표를 만들어요. 내가 할 일을 정하고 스스로 약속하는 거예요. 가장 먼저 내가 해야 하는 일들을 적어요. 예를 들어 꼬박꼬박 스스로 알아서 숙제하기, 전날 미리 책가방 싸기, 준비물 챙기기, 내 방 정리하기, 동생과 놀아 주기, 친구와 사이좋게 지내기 등등 평소에 내가 반드시 해야 하는 일들 말이에요.

그 다음에는 내가 할 수 있는 일을 적어요. 금붕어 밥 주기, 꽃에 물 주기, 빨래 개기, 청소 돕기 같은 일들이요. 집안일 중 내가 할 수 있는 걸 찾아보세요. 평소 하지 않았던 일이라도 도전해 보는 거예요. 책 읽기, 운동하기 등 나에게 도움이 될 만한 일들을 계획하는 것도 좋아요. 정말 실천할 수 있는 목표를 정하는 게 중요해요.

이렇게 세운 계획들을 잘 정리해서 책상 앞에 붙여 두고 매일 점검해 보세요.

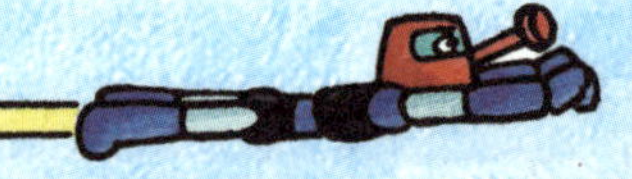

계획표 실천하기

계획을 세웠으니 이제 실천해 볼까요? 계획은 세우는 것보다 실천하는 게 더 중요해요. 목표를 달성할 때마다 스티커를 붙여 보세요. 계획표가 알록달록해지는 모습을 보면 재미를 느낄 수 있어요.

힘들고 어려운 계획에 부딪쳤을 때는 손쉽게 할 수 있는 것들부터 하면 계속 실천해 나갈 수 있어요. 스스로 해낼 수 있다는 자신감과 성취감에 뿌듯할 거예요.

운동 경기 참여하기

친구들과 함께 규칙을 지키고 자기 역할에 충실해야 이길 수 있는 단체 운동 경기를 해 보세요. 예를 들어 야구 같은 경우는 내가 맡은 역할, 즉 공격이나 수비를 잘 해야 해요. 1루 수비를 맡았다면 그쪽으로 날아오는 공을 잘 받고 위치를 잘 지켜야 하는 것이지요.

모두 협동하는 것도 중요하지만 기본적으로 내 자리와 역할을 잘 해내는 게 힘이 돼요. 한 명 한 명 자기 역할을 잘 해야 경기에서 이길 수 있어요. 이러한 단체 운동 경기를 하다 보면 자연스럽게 책임감이 생길 거예요.

약속한 시간이 다 되었는데, 세 가지 과제는 다 했니? 해 보니 어땠어?

지키기 어려운 계획이 너무 많아서 계획표에 스티커를 다 붙이지 못했어요. 책임을 진다는 건 힘든 일인 것 같아요.

맞아. 책임은 다른 사람과의 약속일 뿐 아니라 나 자신과의 약속이기도 해. 약속의 무게가 버겁게 느껴질 때도 있지. 우리 연호가 처음부터 지키기 어려운 약속을 너무 많이 해서 더 힘들었나 보구나. 무리한 계획이나 약속은 더 무겁고 버겁거든. 강아지를 못 기르게 되어서 많이 실망했겠구나.

괜찮아요. 차근차근 연습하고 노력해서 책임감 있는 멋진 사람이 될 거예요. 그땐 꼭 강아지 기르게 해 주세요!

멋진데? 꿈을 이룰 수 있는 날이 머지않은 것 같다, 우리 아들.